ຮັກສາສຸຂະພາບ

ໂດຍ ແຄເຣນ ທາຍເຣອ
ຮູບໂດຍ ໂຈອານ ຄາລ໌ ເຊຟູຣາ

Library For All Ltd.

ອົງການ Library For All ແມ່ນອົງການທີ່ບໍ່ຫວັງຜົນກຳໄລ ທີ່ມີພັນທະກິດທີ່ຈະເຮັດໃຫ້ທຸກຄົນ
ສາມາດເຂົ້າເຖິງແຫຼ່ງຄວາມຮູ້ ຜ່ານບະອັດຕະກຳຫ້ອງສະໝຸດດິຈິຕອນ.
ເຂົ້າເບິ່ງລາຍລະອຽດເພີ່ມເຕີມທີ່: libraryforall.org

ຮັກສາສຸຂະພາບ

ພິມຄັ້ງທຳອິດ 2019
ແປແລະພິມຄັ້ງທີ່ສອງ 2021

ຈັດພິມໂດຍ: ອົງການ Library For All Ltd
ອິເມວ: info@libraryforall.org
URL: libraryforall.org

ປຶ້ມເຫຼັ້ມນີ້ ແມ່ນໄດ້ຮັບການຜະລິດໂດຍ ລັດຖະບານອົດສະຕາລີ ຜ່ານການຮ່ວມມື
ສະໝັບສະໝູນການສຶກສາ ຂອງອົດສະຕາລີ ແລະ ປາປົວນິວກີນີ.
ປຶ້ມເຫຼັ້ມນີ້ ແມ່ນໄດ້ຮັບການສະໝັບສະໝູນໂດຍ ມະຫາວິທະຍາໄລແຄມເບຣາ.

ຮູບແຕ້ມຕົ້ນສະບັບໂດຍ ໂຈວານ ຄາລ໌ ເຊກຽຕາ

ຮັກສາສຸຂະພາບ
ແຄເຣນ ຫາຍເຣວ
ISBN: 978-9932-09-143-0
SKU01197

ຮັກສາສຸຂະພາບ

ເບິ່ງແຍ່ງຕົນເອງດີໆເດີ້!
ຖູແຂ້ວ.

ຫວີຜົມ.

ລ້າງມື.

ໃສ່ເກີບ.

ໃສ່ໝວກ.

ກິນອາຫານທີ່ມີປະໂຫຍດຕໍ່ສຸຂະພາບ.

ດື່ມນ້ຳ.

ອັ້ດ ຊີ້ວວວ!

ໃຊ້ຜ້າເຊັດໜ້າ.

ຮັກສາໂຕໃຫ້ອຸ່ນ.

ຫຼັບທຸກໆມື້.

ອາລິມຄິ!

ຂໍ້ມູນທາງບັນນານຸກົມຂອງຫໍສະໝຸດແຫ່ງຊາດ

ແຄເຣນ ຫາຍເຮອ
    ຮັກສາສຸຂະພາບ / ໂດຍ ແຄເຣນ ຫາຍເຮອ. -- ວຽງຈັນ : ມັກອ່ານ, 2020
    13 ໜ້າ : ພາບປະກອບສີ ; 21 ຊມ
    1. ວັນນະກຳສຳລັບເດັກ
    I. ຊື່ເລື່ອງ
808.899282 -- dc21
    ເລກທະບຽນພິມຈຳໜ່າຍ: ຕາມຫບ320ພຈ 23122020
    ISBN 978-9932-09-143-0

ເຈົ້າສາມາດໃຊ້ຄຳຖາມດັ່ງລຸ່ມນີ້ເພື່ອ ສືບຫະນາກ່ຽວກັບເລື່ອງທີ່ອ່ານກັບ ຄອບຄົວ, ໝູ່ ແລະ ຄູອາຈານ.

ເຈົ້າໄດ້ຮຽນຮູ້ຫຍັງຈາກເລື່ອງນີ້?

ຈົ່ງອະທິບາຍເລື່ອງນີ້ ໂດຍໃຊ້ຄຳບັບບຍາຍ
1ຄຳ. ຕະຫຼົກ? ຢ້ານ? ມີສິສັນ? ໜ້າສົນໃຈ?

ເມື່ອອ່ານຈົບແລ້ວ,
ເລື່ອງນີ້ໃຫ້ຄວາມຮູ້ສຶກຫຍັງແດ່?

ໃນເລື່ອງນີ້, ເຈົ້າມັກສິ່ງໃດຫຼາຍທີ່ສຸດ?

ກ່ຽວກັບຜູ້ປະກອບສ່ອນ

ແຄເຣນ ທາຍເຣວ ໄດ້ຮັບລາງວັນນັກຂຽນດີເດັ່ນ ເຊິ່ງປື້ມຂອງລາວຊຸກຍູ້ໃຫ້
ເດັກນ້ອຍມີຊີວິດທີ່ເຂັ້ມແຂງ. ເມື່ອຕອນລາວເປັນຄູສອນເດັກນ້ອຍ,
ແຄເຣນ ຂຽນປື້ມກ່ຽວກັບ ການລອມເອົາ ແລະ ຄວາມທຸກຍາກທຸຍາຍ
ເພື່ອເສີມສ້າງການອ່ານ ແລະ ການນັບເລກຂອງເດັກນ້ອຍ.
ໜັງສືຂອງລາວຖ່າຍທອດຄວາມທັນທານ, ທັກສະທາງສັງຄົມ
ແລະ ການເບິ່ງແຍງສິ່ງແວດລ້ອມ. ນິຍາຍການປະຈົນໄພເຫຼັ້ມທີ
ສົບຂອງລາວເລື່ອງ Great Barrier Reef Rescue
(Song Bird) ຈະອອກພິມໃນປີ 2019. ແຄເຣນ ອາໃສຢູ່
ບຣິດເບນ ບ່ອນທີ່ລາວໄດ້ນຳສະເໜີ ການເລົ່າເລື່ອງຕະຫຼົກ,
ການຝຶກອົບຣົມໃນການຂຽນທີ່ສ້າງສັນ ໃນໂຮງຮຽນ ແລະ
ງານເທດສະການຕ່າງໆ. ຕິດຕາມລາວໄດ້ທີ່ www.karentyrrell.com

ປື້ມທືອບໍ່ມອບບໍ?

ພວກເຮົາມີປື້ມຫຼາຍຮ້ອຍທືອໃຫ້ເລືອກອ່ານ.

ພວກເຮົາຮ່ວມມືກັບບັກຂຽນ, ອ່ງງຊານດ້ານການສຶກສາ, ທ້ປຶກສາທາງດ້ານວັດທະນະທຳ, ລັດຖະບານ ແລະ ອົງກອນທ່ບໍ່ຂຶ້ນກັບລັດຖະບານ ເພື່ອນຳຄວາມເພີດເພີນ ໃນການ ອ່ານໃຫ້ກັບເດັກນ້ອຍທົ່ວທຸກແຫ່ງ.

ຮູ້ບໍ?

ພວກເຮົາສ້າງການປ່ຽນແປງທ່ດີໃຫຂ້ງເຂດນ້ີ ໂດຍປະຕິບັດ ເປົ້າໝາຍ ການພັດທະນາແບບຍືບຍົງຂອງສະຫະປະຊາຊາດ.

library for all.org